AF357107

DISCOURS

PRONONCÉ

par Sa Grandeur M<gr> BÉCEL, Évêque de Vannes

AU MARIAGE DE

MONSIEUR LE MARQUIS DE LAMBILLY

ET DE

MADEMOISELLE DE RAVINEL

REIMS

IMPRIMERIE COOPÉRATIVE (N. MONCE, DIR.)

24, rue Pluche, 24

—

1889

Pour plusieurs motifs, qu'il est inutile d'énumérer ici, je me suis fait un devoir très agréable à remplir de vous apporter les bénédictions du Ciel. Vous êtes si bien disposés à les recevoir! Vous en ferez un si bon usage!.....

L'institution divine du mariage vous est connue. Ce fut Dieu lui-même qui bénit l'union des ancêtres du genre humain, sortis de ses mains puissantes, avec la double auréole de l'innocence et d'un bonheur qu'il dépendait d'eux de ne pas compromettre. Mais, hélas! les beaux jours de l'Éden furent de courte durée. « Toute chair eut bientôt corrompu sa voie. » Au point que le Créateur se repentit d'avoir fait l'homme.

Son infinie miséricorde *ne voulant point la mort du pécheur*, il envoya son Fils *réparer tout ce qui avait péri*. Dans une circonstance semblable à celle qui nous rassemble aujourd'hui, Jésus vint donner aux époux de Cana une preuve éclatante de sa bonté. Les interprètes de nos Saintes Écritures voient dans cette intervention miraculeuse un symbole et une annonce de la prochaine élévation du mariage à l'état de sacrement. Saint Paul l'appelle plus tard *un grand sacrement,* et il commande aux époux chrétiens de s'aimer comme Jésus avait aimé l'Église. De telle sorte que l'union de Jésus avec l'Église est devenue le type de l'union des époux.

Jugez de la dignité d'un état de vie pour lequel on propose un pareil modèle. Certes, il n'est pas facile de le copier. Les esprits élevés, les cœurs droits, sincères et constants ne s'y appliquent pas en vain. Courage donc, Monsieur et Mademoiselle! Des époux chrétiens rivalisent d'ardeur, de prévenances, d'abnégation, de générosité, et, s'il le faut, de sacrifices. Ils ne mesurent pas leur bonheur à la durée de la vie terrestre. Leur âme immortelle a faim et soif d'une félicité sans partage et sans bornes. Revêtus d'une sorte de sacerdoce, ils sont comme associés à l'autorité du Créateur et à sa providence à l'égard de leurs enfants. Heureux surtout ceux qui ont reçu, avec les traditions de leurs familles, les leçons et les exemples qu'ils devront transmettre à leurs descendants.

Monsieur, Mademoiselle, vous êtes du petit nombre de ces privilégiés. Les Lambilly, en Bretagne, les Ravinel, en Lorraine, ont su garder intact l'héritage de foi, d'honneur, de probité et de bienfaisance reçu de leurs aïeux. Ayant conscience de leurs obligations, ils se sont toujours efforcés de les remplir sans peur et sans reproche, devant Dieu et devant les hommes. Vous ajouterez un anneau de plus à cette chaîne d'or sans alliage.

J'ai lu, Monsieur, dans nos Annales nationales, un trait dont il vous sera facile de faire l'application dans votre vie publique et privée. Louis IX avait fait graver, sur l'anneau offert à sa fiancée, trois mots : DIEU, FRANCE, MARGUERITE. Ce grand roi avait coutume de dire : « Hors de cet anneau, je n'ai pas d'amour. » Vous savez s'il tint parole. Apprenez de ce pieux monarque à gouverner votre intérieur comme il gouverna son royaume, à diriger vos pensées et vos sentiments vers les personnes et les choses qui solliciteront légitimement votre esprit et votre cœur.

Avant tout, le service de Dieu, l'obéissance à ses commandements et à ceux de son Église. C'est ainsi que les choses se passent dans votre famille.

Mais la pratique de la religion, loin d'éteindre la flamme du patriotisme, l'anime et l'alimente. Vous montrerez, Monsieur, que les meilleurs chrétiens ne sont pas les moins bons Français. Il vous suffira encore de marcher sur les traces de tous les vôtres. Au lieu de remonter le cours des âges, et de les suivre en France et à l'étranger, en Palestine, en Italie, sur tous les champs de bataille, bornons-nous à rappeler un épisode de la guerre contre la Prusse. A la fin de cette douloureuse invasion, un convoi de blessés était dirigé vers les provinces de l'Ouest. Au nombre de ces glorieuses victimes était un colonel qui devait payer de sa vie son intrépidité. On racontait à sa louange qu'avec une poignée de braves parmi les braves, il avait enlevé à l'ennemi plusieurs pièces de canon, un important convoi de vivres et de munitions, qu'il avait fait prisonniers ceux des officiers et des soldats allemands qui n'avaient pas trouvé la mort dans cette charge indescriptible. Le héros, cruellement et mortellement atteint, avait désiré mourir près des siens, sur la terre de Bretagne, où il dormirait son dernier sommeil après y avoir fait de si beaux rêves de gloire. Il allait expirer..... La Providence conduisit vers lui un évêque missionnaire dont une circonstance fortuite avait retardé le départ. Dans une lettre touchante, que Mgr Reyne écrivit à votre famille, Monsieur, et que vous conservez parmi vos titres de noblesse, vous avez lu le récit simple et si émouvant fait par le prélat consolateur, qui venait de recevoir les derniers aveux du mourant dans un compartiment de ce wagon funèbre. Quelle scène attendrissante ! Un soldat fidèle veillait à côté de son chef et lui prodiguait tous ses soins. Il éclairait le ministre de Dieu dans l'exercice de son ministère.....

Pendant que votre père payait ainsi jusqu'à la mort son tribut à la patrie, un de ses frères combattait aussi le bon combat, à la tête des mobiles Morbihannais. Au départ, nous l'avions couvert d'un bouclier impénétrable, en attachant au drapeau de son régiment les reliques de nos saints de prédilection. Il revint désolé de tout ce qu'il avait vu, après avoir beaucoup souffert, plus désireux que jamais de rendre à son pays, pendant la paix, des services que tous les hommes de cœur savent apprécier chez nous. Je suis heureux de le déclarer hautement, c'est en grande partie à l'activité, à la fermeté, au dévouement désintéressé du Comte Gabriel de Lambilly, que le Morbihan doit d'avoir échappé à des influences néfastes.....

D'autres survivants de cette douloureuse campagne représentent ici ceux qui sauvèrent l'honneur du drapeau..... Je nomme seulement leur valeureux chef, le général de Charette..... En France, comme en Italie, il devait ajouter plusieurs pages glorieuses à l'histoire de son illustre famille.....

A votre tour, Monsieur, vous avez choisi le noble métier des armes. Votre patriotisme est à la hauteur de votre religion.

Dans la vie privée, vous déploierez les mêmes qualités d'esprit, de cœur et de caractère.....

La divine Providence vous console aujourd'hui de toutes les épreuves que vous avez supportées avec courage et résignation..... Elle vous a ouvert la demeure hospitalière d'une noble et chrétienne famille

dont il serait difficile d'énumérer les bienfaits.....
Le Vicomte et la Vicomtesse de Champeaux, qui
s'associent toujours de si grand cœur aux bonnes
œuvres de Madame Hasslauër, ont prodigué les soins
les plus touchants à deux charmantes orphelines,
dont l'une va devenir votre épouse. Depuis la perte si
cruelle de leur fils unique, ils ont entouré leurs filles
adoptives d'attentions plus délicates et plus assidues.

Tout à l'heure, Mademoiselle, vous étiez sans doute
heureuse et fière d'être conduite à l'autel par ce
noble gentilhomme qui, lui aussi, fut le digne com-
pagnon d'armes des nouveaux preux qui se consti-
tuaient naguère les chevaliers du Vicaire de Jésus-
Christ, les défenseurs de l'Église et de la France.....
Ceux qui ont échappé à tant de désastres sont toujours
prêts à se sacrifier pour l'autel et le trône.....

Votre cœur, Mademoiselle, devait battre bien fort,
lorsque, à l'appui de ce bras protecteur, vous avez
franchi le seuil de sa maison, où vous laissiez dans les
larmes les deux vaillantes femmes qu'un deuil trop
récent, et qu'elles porteront toujours, prive de la
consolation d'assister à cette touchante cérémonie.....

N'hésitez pas, Mademoiselle, à vous donner sans

partage et pour toujours au jeune homme qui va s'engager loyalement à vous dédommager de toutes les peines dont vous avez fait de si bonne heure le dur apprentissage. Confiance ! Qu'il plaise au Ciel d'exaucer les vœux ardents que je forme, avec toute cette assistance, pour votre bonheur en ce monde et dans l'autre.....

11669 — Imprimerie coopérative de Reims (N. Monce, dir.).